Stressbewältigung und Burnout-Prävention im beruflichen Kontext

Celine Nowakowski

Bibliografische Information der Deutschen Nationalbibliothek:

Die Deutsche Nationalbibliothek verzeichnet diese Publikation in der Deutschen Nationalbibliografie; detaillierte bibliografische Daten sind im Internet über http://dnb.d-nb.de abrufbar.

ISBN: 9783389029756
Dieses Buch ist auch als E-Book erhältlich.

© GRIN Publishing GmbH
Trappentreustraße 1
80339 München

Druck und Bindung: Books on Demand GmbH, Norderstedt Germany
Gedruckt auf säurefreiem Papier aus verantwortungsvollen Quellen

Das Buch bei GRIN: https://www.grin.com/document/1471889

IU Internationale Hochschule
B.Sc. Gesundheitspsychologie
Gesundheitspsychologie: Theoriebasierte Interventionen

Hausarbeit
Stressbewältigung und Burnout-Prävention im beruflichen Kontext

Vorgelegt von:

Celine Nowakowski

Fachsemester: 5

Abgabedatum: 11.04.2023

Inhaltsverzeichnis

1. Einleitung

Im Jahr 2021 zählte die AOK im Schnitt 141,8 arbeitsunfähigkeitsbedingte Fehltage je 1.000 Mitglieder aufgrund der Diagnose Burnout. Dies ist ein Anstieg von fast 50% im vergangenen Jahrzehnt. Dabei hat sich nicht nur die Anzahl der Burnout-bedingten Fehltage erhöht, sondern auch die Häufigkeit der Diagnose. 2005 kam auf 1.000 Mitglieder rund 1 Burnout-Fall. Im Jahr 2021 zählte die AOK durchschnittlich 6 Fälle je 1.000 Mitglieder. Die Hochrechnung aller gesetzlich versicherten Beschäftigten beträgt für 2021 rund 194.000 Burnout-Diagnosen mit knapp 4,8 Millionen Krankheitstagen (vgl. Statista, 2023).

Zu hohe Arbeitsanforderungen, zahlreiche Überstunden und wenig Entspannungsmöglichkeiten können auf lange Sicht zu einem Zusammenbruch führen. Das Stresssyndrom Burnout ist in Unternehmen schon lange bekannt, jedoch gehört es mittlerweile zu einem der häufigsten Gründe für Abwesenheiten. Nicht nur die Mitarbeiter selbst leiden unter den Folgen, sondern auch das gesamte Unternehmen. Gerade deshalb sollte das Thema Burnout-Prävention in jedem Unternehmen thematisiert werden, denn Mitarbeiter sind die wichtigste Ressource für den langfristigen Erfolg eines Unternehmens.

In dieser Hausarbeit soll es daher um Ansätze und Inhalte von Stressbewältigung und Burnout-Prävention im beruflichen Kontext gehen. Zunächst gilt es den Begriff des Burnouts genauer zu definieren sowie welche Symptome darauf hinweisen. Anschließend werden die häufigsten Gründe für die Entstehung analysiert. Im weiteren Verlauf werden Ansätze in Bezug auf Stressbewältigung und Burnout-Prävention vorgestellt und welche Inhalte diese verfolgen. Im Anschluss dessen wird auf die Wirksamkeit der vorgestellten Ansätze eingegangen. Die Hausarbeit schließt mit einer Diskussion zu praxisbezogenen Einsatzmöglichkeiten ab.

2. Definition, Symptome und Diagnose

Das Pschyrembel Wörterbuch definiert das Burn-out Syndrom als:

„Affektive Störung mit diffuser Symptomatik als Reaktion auf chronischen Stress und Überlastung besonders am Arbeitsplatz. Betroffene zeigen eine depressive Stimmungslage, Interessenverlust, sozialen Rückzug und Erschöpfung, aber auch Unruhe, Schlafstörungen, Angst und Panikattacken sowie Suizidalität. Die Behandlung erfolgt psychotherapeutisch, bei Bedarf in Kombination mit Antidepressiva." (Pschyrembel, 2023).

Im ICD-10 wird das Burn-out Syndrom unter den „Problemen mit Bezug auf Schwierigkeiten bei der Lebensbewältigung" aufgeführt unter dem Kodierungsschlüssel Z73. Es gilt demnach nicht als eigenständige Krankheit, sondern als eine Risikosituation aus der sich psychische und psychosomatische Erkrankungen wie Depressionen, Herz-Kreislauf-Erkrankungen und Infektionen entwickeln können (vgl. ICD-10-GM Version 2023).

Die Symptome und Beschwerden, die mit einem Burnout einhergehen sind individuell und lassen sich nicht klar definieren. Bei vielen kommt es jedoch zu einem anhaltenden Gefühl von Müdigkeit und Erschöpfung. Sie haben den Eindruck alltägliche Aufgaben nicht mehr bewältigen zu können, was in Überforderung und anhaltender Müdigkeit endet. Sie haben das Bedürfnis nach mehr Erholungspausen und ihnen fällt es schwer nach der Arbeit abzuschalten sowie das Stresslevel zu reduzieren. Häufig kommt es auch zu einer nachlassenden Leistungsfähigkeit und Konzentrationsstörungen, wodurch vermehrt Fehler entstehen können. Dadurch entstehen Ängste und die emotionale Belastbarkeit nimmt ab. Viele Burnout Betroffene ziehen sich zurück. Sie vernachlässigen ihr Privatleben, Freunde und Partner oder geben ihre Hobbies auf. Die Freude am Alltag geht immer mehr verloren, wodurch sich Unzufriedenheit und Gleichgültigkeit bemerkbar machen (vgl. Bechheim, 2017).

Die geschätzte Prävalenz liegt bei etwa 10%, wobei die Tendenz steigt. Insgesamt kommt es zu einer deutlichen Zunahme an Krankschreibungen und Frühberentungen aufgrund von psychischen Erkrankungen im Zusammenhang mit dem Arbeitsumfeld. Das Burnout-Syndrom wurde zunächst bei medizinischen und pflegerischen Berufen wie Gesundheits- und Krankenpflegern, Ärzten oder Altenpflegern beschrieben. Inzwischen hat sich der Begriff auch auf Arbeitnehmer aus anderen Berufen ausgeweitet (vgl. Pschyrembel, 2023).

3. Entstehung und Risikofaktoren

Für die Entwicklung von chronischem beruflichem Stress und einem daraus resultierendem Burnout-Syndrom gibt es eine Reihe unterschiedlicher Ursachen. Es spielen persönliche Faktoren, betriebliche und umweltbezogene Belastungsfaktoren eine Rolle. Zu den persönlichen Faktoren zählt der individuelle Umgang mit Stress und die persönliche Resilienz. Auch den eigenen Gesundheitszustand und private Ausgleichressourcen gilt es zu beachten. Auf beruflicher Ebene spielen Merkmale der Tätigkeit selbst wie beispielsweise die Arbeitsanforderungen, verfügbare Unterstützungsquellen sowie die Gestaltung der Führung des Unternehmens eine Rolle. Darüber hinaus wirken umweltbezogene Einflüsse wie die voranschreitende Digitalisierung, Arbeitsplatzsicherheit oder zusätzliche Belastungen aus anderen Bereichen sich negativ auf die mögliche Entwicklung eines Burnout-Syndroms aus (vgl. Schön Klinik Gruppe, 2023).

3.1 Berufliche Situation

Die klassischen Ursachen bei der Entwicklung eines Burnout-Syndroms liegen im Berufsleben. Hohe Arbeitsanforderungen, Konkurrenzdruck oder Angst vor Arbeitsplatzverlust führen bei vielen zu einem hohen Leistungsdruck und Stresserleben.

In einer Veröffentlichung der Europäischen Union für Sicherheit und Gesundheitsschutz am Arbeitsplatz 2018 werden u.a. folgende Arbeitsbedingungen genannt, die psychosoziale Belastungen darstellen können:

1. Zu hohe Arbeitsbelastungen und Mangel an Vereinbarkeit von Berufs- und Privatleben

2. Mitarbeiter werden zu wenig in Entscheidungen einbezogen, die sie selbst betreffen
3. Mangel an Eigenverantwortung und Einfluss darauf, wie die Arbeit erledigt wird
4. Keine klare Rollenverteilung und sich widersprechende Anforderungen
5. Schwache Kommunikation über arbeitsplatzbezogene Veränderungen und Arbeitsplatzunsicherheit
6. Fehlende Unterstützung durch Führungskräfte und Geschäftsleitung oder Kolleginnen und Kollegen bzw. Geringe innerbetriebliche soziale Unterstützung
7. Umgang mit schwierigen Kunden, Klienten, Schülern, Patienten o.ä. (vgl. Nielsen et al., 2018, S. 14)

Arbeitnehmer werden ständig mit neuen Informationen, Technologien und Lernmöglichkeiten konfrontiert, weshalb man in diesem Zusammenhang auch von einer Informationsgesellschaft spricht. Gleichzeitig bestehen hohe Ansprüche an die Qualität, Flexibilität und Schnelligkeit insbesondere im Dienstleistungssektor. Dazu kommt der Drang der ständigen Erreichbarkeit über das Handy, E-Mail oder andere Technologien. So müssen immer mehr Aufgaben gleichzeitig erledigt werden. Die hohen Anforderungen führen zu einer starken Erschöpfung, woraus sich ein Burnout entwickeln kann. Die Erschöpfung ist einerseits ein Ergebnis des Burnouts und anderseits ein Verstärker. Um dieselben Arbeitsaufgaben weiterhin bewältigen zu können muss sich der Betroffene immer mehr anstrengen und das Ausmaß der Erschöpfung nimmt weiter zu. Es entsteht ein Teufelskreis, der die Person letztendlich ausbrennen lässt (vgl. Stock 2015, S.32).

Jedoch gilt es zu beachten, dass nicht nur Personen, die sich in einem Übermaß arbeitsbezogen, engagieren von einem Burnout betroffen sind. Auch unterfordernde Routineaufgaben, eine belastende Arbeitsatmosphäre beispielsweise durch innerbetriebliche Konflikte mit Vorgesetzten oder Kollegen und ständige Unterbrechungen der Arbeitsabläufe können zu einem Burnout führen (vgl. Günthner 2014, S. 2).

4. Vorteile von Burnout-Prävention

Nicht nur für den Arbeitnehmer ist die Stress- und Burnout Prävention von hoher Bedeutung. Langfristig kann anhaltender Stress zu Depressionen und zur Arbeitsunfähigkeit führen. 2020 sind 16,8% aller Arbeitsunfähigkeitstage in Deutschland auf psychische Probleme zurückzuführen (vgl. BKK-Gesundheitsreport 2020). Zusätzlich steigt die Anzahl der Erwerbsminderungsrenten aufgrund von psychischen Erkrankungen auf mittlerweile 41,5% (vgl. Deutsche Rentenversicherung Bund 2021). Diese Angaben betonen die Wichtigkeit Mitarbeiter frühzeitig in ihrem Arbeitsumfeld zu motivieren und ihnen ein Gefühl von Sicherheit und Wohlsein zu vermitteln, denn nur so lässt sich das Risiko der Entwicklung von stressbedingten psychischen Erkrankungen und eines Burnouts minimieren.

Ein nachhaltiges Betriebliches Gesundheitsmanagement kann dabei unterstützen. Hierdurch an die Arbeitsbelastung langfristig reduziert werden, was zu einer höheren Produktivität und

Leistungsfähigkeit der Mitarbeiter führt. Hierdurch werden Arbeitsprozesse optimiert und Wirtschaftlichkeitsressourcen erschlossen. Insbesondere im Dienstleistungssektor kann sich dies auch positiv auf die Kundenzufriedenheit auswirken. Als weitere Gründe für ein betriebliches Gesundheitsmanagement sind zu nennen:

1. Die Verbesserung der Gesundheit der Mitarbeiter
2. Eine höhere Motivation und Leistungsbereitschaft
3. Weniger krankheitsbedingte Fehlzeiten
4. Stärkere Mitarbeiteridentifikation (vgl. Techniker Krankenkasse 2023)

5. Präventives Stressmanagement

Präventive Stressmanagement-Interventionen dienen dazu, den Stress zu reduzieren und das Wohlbefinden zu verbessern. Sie umfassen eine Reihe von Aktivitäten, die meist entweder an den Stressauslösern (Stressoren) oder an den Stressauswirkungen (Stressreaktionen) ansetzen. Sie dienen damit der langfristigen Gesunderhaltung und Leistungsfähigkeit. In einer Veröffentlichung des Robert-Koch-Instituts zur Burnout-Prophylaxe 2012 wird zwischen primär-, sekundär., und tertiär präventivem Stressmanagement unterschieden (vgl. Günther und Batra 2012, S. 183 f.).

5.1 Primär präventives Stressmanagement

Primäre Stressmanagement Interventionen dienen dem Erhalt der Gesundheit und der Vorbeugung eines Burnouts bei gesunden Personen. Sie werden eingesetzt, bevor Stress aufgetreten ist. Stressauslöser sollen eingedämmt und kontrolliert werden. Das primäre Stressmanagement zählt daher zu den allgemeinen Maßnahmen eines gesundheitsorientierten Lebensstils zur Aufrechterhaltung des psychischen Wohlbefindens. Zu den Hauptinterventionen gehören achtsamkeitsbasierte Stressprogramme, welche auch unter dem Begriff „Mindful-based Stress Reduction" bekannt sind. Sie bauen nach Günther und Batra auf drei Grundprinzipien auf:

1. „Achtsame Körperwahrnehmung (Body-Scan)
2. Sitzmeditation
3. Hatha Yoga" (Günthner & Batra 2012, S. 185)

Die Mindful-based Stress Reduction führte zu einer klinisch relevanten Stressreduktion und wirkte zusätzlich gegen eine Grübel- und Angstneigung sowie eine Verbesserung von Empathie und Selbstachtung (vgl. Michalak et al. 2012, S. 252 f.).

Außerdem können zusätzlich Entspannungstechniken wie die Progressive Muskelentspannung nach Jacobson (PMR) oder das autogene Training zur wirksamen Stressreduktion angewandt werden. Auch hier liegen eine Vielzahl evidenzbasierter Wirksamkeitsstudien vor, weshalb sie fester Bestandteil von Stressmanagement-, und Behandlungsprogrammen sind (vgl. Günther & Batra 2012, S. 185 f.).

5.2 Sekundär präventives Stressmanagement

Sekundär präventives Stressmanagement setzt ein, wenn bereits Stress erlebt wird. Die Intensität und Dauer der Stressreaktionen sollen reduziert werden, um zu verhindern, dass das Ausmaß an Stress ein problematisches Level erreicht. Es richtet sich insbesondere an Personen, die aufgrund intrapersoneller, situativer oder beruflicher Voraussetzungen einem hohen Risiko bei der Entwicklung eines Burnouts ausgesetzt sind. Hierbei geht es um die Früherkennung der Risiken und vorbeugende Frühinterventionen. Sie stellen den Hauptanteil an arbeitsbezogenen Stressmanagementprogrammen dar und dienen als Unterstützung zur Bewältigung von Belastungen. Dazu zählen u.a. Meditationsübungen, Atemübungen, Biofeedback, Relaxation, körperliche Übungen oder systematisches Zeitmanagement (vgl. Günther & Batra 2012, S. 186).

In einer Metastudie wurden 48 Stressmanagement Interventionen auf ihre Wirksamkeit überprüft, woraus sich folgendes Ergebnis entwickelte:

TABLE 2—Cohen's *d* and Confidence Intervals for the 4 Intervention
Categories: Meta-Analysis of Occupational Stress–Reducing
Interventions, 1977–1996

Category	No. of Studies	No. of Participants	*d*	95% Confidence Interval
Organizational	5	1463	0.08	−0.03, 0.19
Cognitive–behavioral	18	858	0.68*	0.54, 0.82
Relaxation	17	982	0.35*	0.22, 0.48
Multimodal	8	470	0.51*	0.33, 0.69

*$P < .05$.

Abbildung 1: Metaanalyse zur Wirksamkeit von Interventionen zur Stressreduktion am Arbeitsplatz

Quelle: Van der Klinik et al. 2001, S. 273

Demnach zeigten kognitiv-behaviorale Interventionen den stärksten Effekt (d=0,68), gefolgt von multimodalen (d=0,51), Entspannungs- (d=0,35) und organisationsfokussierten Interventionen (d=0,08) (vgl. Van Der Klink et al. 2001, S. 273).

Kognitives Stressmanagement als wirksame Methode zur Stressreduktion bezieht sich auf die Möglichkeiten durch die eigenen Gedanken Stress abzubauen. Dazu zählen die reflektierte Situationsbewertung, Gefühlsregulation, Selbstinstruktionen, Veränderungen der Einstellungen sowie die Entwicklung von persönlichen Zielen. Die Interventionen setzen demnach an Bewertungsprozesse bzw. Dessen Veränderung an (vgl. Siebecke & Kaluza 2014, S. 87).

5.3 Tertiär präventives Stressmanagement

Tertiär präventives Stressmanagement soll die Funktionsfähigkeit bei Menschen mit bereits vorliegender manifester Symptomatik oder andauerndem Stress wiederherstellen. Ziel ist die Vorbeugung einer weiteren Verschlechterung des Zustandes (vgl. Günthner & Batra 2012, S. 183 f.).

6. Sense of Coherence

Aaron Antonovsky befasste sich mit der Frage was den Menschen gesund hält und welche Eigenschaften, Werte und Ressourcen dabei helfen können trotz einwirkender Stressoren gesund zu bleiben. In diesem Zusammenhang entwickelte er das Modell der Salutogenese. Der Mensch bewegt sich in diesem Modell auf einem Kontinuum zwischen Gesundheit und Krankheit. Als Determinanten von Gesundheit werden Stressoren, die Art ihrer Bewältigung und die Verfügbarkeit von Widerstandressourcen gesehen. Ein wichtiger Faktor bezieht sich auf das Kohärenzgefühl (Sense of Coherence), welches sich auf der Grundlage von Ressourcen entwickelt. Als Kohärenzgefühl beruht auf den drei Faktoren Verstehbarkeit, Handhabbarkeit und Sinnhaftigkeit. Wird das eigene Leben demnach als verstehbar, bewältigbar und sinnhaft empfunden führt dies zu einer positiven Gesundheit. Ist dies nicht der Fall bewegt sich der Mensch auf dem Kontinuum in Richtung Krankheit (vgl. Faltermaier 2020).

Stressoren allein werden nach Antonovsky jedoch nicht als generell pathogen eingestuft. Stressoren rufen eine Spannung hervor. Wird dieser Spannungszustand bewältigt hat dies eine salutogene Wirkung. Gelingt einer Person die Bewältigung nicht tritt das Gegenteil ein und es entsteht Stress, welcher wiederum das Risiko eines Burnouts begünstigt (vgl. Zweifel 2018, S. 9). Ein wichtiger Aspekt zur Prävention eines Burnouts ist daher auch die Stärkung von Ressourcen.

Wenn man das Modell der Salutogenese auf den Arbeitskontext bezieht, ist es demnach notwendig, dass sich Mitarbeiter in Bezug auf Entscheidungen und Arbeitsabläufe in diesen drei Faktoren wiederfinden sollten, um langfristig gesund zu bleiben. Die Gewährleistung von eigener Gestaltungsmöglichkeit ist die Grundlage für Selbstwirksamkeit. Diese und die Handhabbarkeit von Herausforderungen sind wesentliche Faktoren für die psychische Gesundheit. Dies spiegelt sich auch in Ergebnissen von Umfragen wider. Der AOK-Fehlzeitenreport 2020 bestätigt, dass Mitarbeiter, die sich von Vorgesetzten sowohl fair als auch wertschätzend behandelt fühlen signifikant weniger krankheitsbedingte Arbeitsunfähigkeitstage aufweisen (12,7 im Vergleich zu 15 Tagen). Hierfür wurden in einer Mitarbeiterbefragung 2.500 Angestellte zur ihrem Gerechtigkeitsempfinden befragt und anschließend die Auswirkungen auf den Gesundheitsstatus analysiert. Das Ergebnis zeigte, dass eine wahrgenommene Ungerechtigkeit insbesondere zu emotionalen Irritationen und psychosomatischen Beschwerden führt (vgl. AOK-Bundesverband, 2020).

Stressoren allein werden nach Antonovsky jedoch nicht als generell pathogen eingestuft. Stressoren rufen eine Spannung hervor. Wird dieser Spannungszustand bewältigt hat dies eine salutogene Wirkung. Gelingt einer Person die Bewältigung nicht tritt das Gegenteil ein und es entsteht Stress, welcher wiederum das Risiko eines Burnouts begünstigt (vgl. Zweifel 2018, S. 9). Ein wichtiger Aspekt zur Prävention eines Burnouts ist daher auch die Stärkung von Ressourcen und die Entwicklung von Resilienz. Resilienz geht mit weniger Stress, geringerer emotionaler Erschöpfung und reduzierten psychischen Gesundheitsbeeinträchtigungen einher (vgl. Pauls et al. 2016, S. 107).

Nach Soucek et al. (2015) wird zwischen vier Grundbausteinen resilienten Verhaltens bei der Arbeit unterschieden:

1. Der richtige Umgang und die Regulation eigener Emotionen in Bezug auf arbeitsplatzbezogene Probleme (emotionale Bewältigung)
2. Vorausschauende Planung und Abwägung verschiedener Lösungsmöglichkeiten bei arbeitsbezogenen Prozessen (umfassende Planung)
3. Die Entstehung von Problemen als Möglichkeit zum Einbringen und zur Weiterentwicklung der eigenen Fähigkeiten auffassen (positive Umdeutung)
4. Ablenkungen widerstehen und bei entstandenen Problemen an Lösungen arbeiten (fokussierte Umsetzung) (vgl. Soucek et al. 2015, S. 10)

Diese Verhaltensweisen führten in einer Studie zu besseren psychischen Wohlbefinden. Jedoch wirken sich auch personale Ressourcen in Form von gesundheitsschützenden Eigenschaften positiv auf den Erhalt und die Widerherstellung von Gesundheit aus. Untersuchungen aus dem Bereich der Organisationspsychologie betrachten verschiedene Ressourcen und Bewältigungsstrategien sowie die Auswirkungen auf die Beschäftigung und das psychische Wohlbefinden, darunter Selbstwirksamkeit, Hoffnung, Optimismus, emotionale Stabilität und Kontrollüberzeugung (vgl. Pauls et al. 2016, S. 107).

7. Präventionsansätze

Um einem Burnout und stressbedingten psychischen Erkrankungen auf betrieblicher Ebene vorzubeugen gibt es verschiedene Präventionsansätze, die auf unterschiedlichen Ebenen ansetzen. Diese sollen im Folgenden erläutert werden.

7.1 Unternehmenskultur

Auf gesellschaftlicher Ebene umfassen Präventionsmaßnahmen die Unternehmenskultur und das Leitbild. Die Unternehmenskultur sollte die Sicherheit, Gesundheit und die Leistungsfähigkeit der Mitarbeiter als zentrale Stellenwerte berücksichtigen und das Thema Burnout enttabuisieren. Gleichzeitig sollten Möglichkeiten eines Ausgleichs in Form von Stressverarbeitung und Erholung ermöglicht werden, um eine funktionierende Work-Life-Balance zu erschaffen. Ebenso das Verständnis für Pausen während der Arbeitszeit sollte kommuniziert werden, da diese unabdingbar für ein langfristiges Wohlbefinden sowie eine nachhaltige Leistungsfähigkeit und Produktivität sind.

Diese Werte sollten durch Führungskräfte als Vorbild gelebt werden. Für eine funktionierende Zusammenarbeit ist eine offene Kommunikation notwendig. Mitarbeiter sollten stets über laufende Prozesse informiert werden. Dies kann beispielsweise durch Ideenmanagement, regelmäßige Mitarbeitergespräche und -befragungen sowie Intranet-Meldungen umgesetzt werden. Hierdurch werden Mitarbeiter in die Unternehmensentwicklung und Entscheidungen mit einbezogen (vgl. Badura & Ehresmann 2017, S. 27 ff.).

Veranstaltungen, PR-Maßnahmen oder Mitarbeiterbefragungen können genutzt werden, um Mitarbeitern Wertschätzung und Anerkennung zu vermitteln. Beispielsweise können jährliche Mitarbeiter-Events oder Sonderzahlungen formidable Leistungen würdigen. Dies sind insbesondere Leistungen der Primärprävention, welche dazu beitragen, die Gesundheit und Leistungsfähigkeit der Mitarbeiter zu fördern und aufrechtzuerhalten. Dennoch sollte ein offener Bezug zum Thema Burnout geschaffen werden und ein Vorgehen für den Anlassfall entwickelt werden. Hierzu können den Mitarbeitern Informationen zu Ansprechpartnern und einem innerbetrieblichen Leitfaden zur Verfügung gestellt werden. Unternehmen sollten ein Netzwerk mit Kooperationspartnern aufbauen, um bei einer hohe Beanspruchungssituation das Risiko eines Burnouts durch Beratungsprogramme (unternehmensintern oder extern) zu reduzieren. Diese Maßnahmen können als Sekundärprävention fungieren. Bei bereits manifester Burnout-Symptomatik sind psychotherapeutische Therapien oder andere therapeutische Maßnahmen im Rahmen der tertiärpräventiven Maßnahmen zu ergreifen (vgl. Gabriel & Nicham 2012, S. 24).

7.2 Strukturen und Prozesse

Die Betriebsstruktur sollte regelmäßige Mitarbeitergespräche vorsehen, um eine positive Kommunikation und den Austausch zwischen Mitarbeitern und Führungskräften herzustellen. Hierdurch können betriebliche Ressourcen und Belastungen seitens der Mitarbeiter aufgezeigt werden. Bei Anzeichen einer Überforderung oder dauerhaft erlebtem Stress können gemeinsam Bewältigungsmöglichkeiten erarbeitet werden. Hierfür ist auch der Aufbau einer vertrauensvollen Beziehung nötig, jedoch sollten Führungskräfte ebenfalls hinreichend geschult werden eventuelle Überlastungen bei Mitarbeitern zu erkennen und entsprechend zu handeln. Ein Informationsaustausch kann neben Einzelgesprächen auch in Form von Teamsitzungen stattfinden. Hier bietet es sich an auch das Ideenmanagement zu fördern und die Vorschläge von Mitarbeitern in die Unternehmensstruktur miteinzubringen. Dies fördert ein kreatives Arbeitsklima und ist ebenfalls eine Form der Wertschätzung und Transparenz (vgl. Gabriel & Nicham 2012, S. 25).

Mitarbeitern sollte außerdem die Möglichkeit von Weiterbildungen und Schulungen geboten werden, denn eine stetige Weiterentwicklung und unterschiedliche Einsatzmöglichkeiten sowie wechselnde Arbeitsanforderungen gewährleisten eine abwechslungsreiche Tätigkeit. Hierdurch werden auch berufliche Perspektiven geschaffen, welche für die persönliche Zielsetzung von Mitarbeitern bedeutend sind (vgl. Gabriel & Nicham 2012, S. 26).

7.3 Individuelle Ressourcen

Individuelle Ressourcen beziehen sich auf die Fähigkeiten und Kompetenzen der Mitarbeitenden selbst. Eine Förderung und Erweiterung der eigenen Ressourcen führen zu einem besseren Umgang mit Stressoren und alltäglichen Belastungen. Auf dieser Ebene empfiehlt es sich beispielsweise Entspannungstechniken zu beherrschen und an einem Stressmanagement-Training teilzunehmen. Der Arbeitgeber kann hierbei eine unterstützende Rolle einnehmen und entsprechende Workshops oder Seminare anbieten. Hierzu zählen beispielsweise:

1. Stressmanagement
2. Management von Ärger, Wut und Missfallen
3. Anwendung von Verfahren zur Erholung und Entspannung
4. Gesunde Lebensweise (ausreichend Schlaf, gesunde Ernährung, Aktivität)
5. Work-Life-Balance
6. Der Umgang mit Konflikten
7. Mentale Stärke (vgl. Schulte et al. 2021, S. 410 f.)

Zudem sollte jeder regelmäßig in sich gehen und seine Selbstreflexion stärken, um sich seiner derzeitigen Situation bewusst zu werden und die eigenen Gefühle zu reflektieren. Auch Gespräche mit Freunden oder der Familie können hierbei helfen. Die eigenen Grenzen gilt es zu akzeptieren und auch nach einem möglichen Scheitern sollten die eigenen Stärken wieder in den Vordergrund rücken. Es gilt sich realistische Ziele zu setzen und diesen mit realistischen Anforderungen an sich selbst nachzugehen. Auch das Privatleben spielt eine wichtige Rolle, weshalb die Work-Life-Balance und die Pflege von sozialen Kontakten nie vernachlässigt werden sollte. Dazu gehört auch sich Zeit für sich selbst zu nehmen und sich im Klaren darüber zu sein was einem wichtig ist und welche Werte man verfolgt. Hierfür ist es notwendig auch mal Prioritäten zu setzen, delegieren zu lernen und auch mal nein zu sagen (vgl. AOK, 2021).

8. Zusammenfassung und Kritik

Das Thema Burnout spielt sowohl bei Arbeitnehmern als auch bei Arbeitgebern eine immer größer werdende Rolle. Immer mehr Menschen leiden unter psychischen Belastungen und dauerhaftem Stress, wodurch das Risiko einer Burnout-Erkrankung steigt. Dies spiegelt sich zuletzt in den steigenden Fehltagen aufgrund von psychischen Problemen wider. Um langfristig ein erfolgreiches Unternehmen zu führen ist es daher unabdingbar präventive Maßnahmen in Bezug auf Stress und Burnout zu ergreifen. Hierbei können primär-, sekundär- und tertiärpräventive Maßnahmen voneinander unterschieden werden, welche an verschiedenen Stressstadien ansetzen. Die nachfolgende Abbildung soll die möglichen Maßnahmen unter den einzelnen Ebenen zusammenfassen:

Primärprävention	Sekundärprävention	Tertiärprävention
Individuum Information, Sensibilisierung, Stressmanagement, Entspannung	Arbeitspsychologische- und medizinische Beratung, Coaching, Urlaub	Psychotherapie, Behandlung, Rückfallprophylaxe
Unternehmens- kultur Passende Anforderungen, Möglichkeiten zur Entspannung	Reduktion von Belastungen, Unterstützung im Stressmanagement, Fordern von Erholung	Wiedereingliederungs- management, Neuanpassung von Belastungen und Arbeitszeit
Betriebsstruktur Humanökologische Unternehmensführung, Leitfaden zur betrieblichen Gesundheitsförderung	Kooperation mit Experten, Erfahrungsaustausch	Enttabuisierung, Akzeptanz für Burnout und Prävention schaffen

Quelle: Eigene Darstellung

Es gibt eine Vielzahl von Ansatzpunkten, die dabei helfen können Stress zu reduzieren und einem Burnout vorzubeugen. Jedoch muss hierfür zunächst ein Bewusstsein geschaffen werden. Führungskräfte sollten stärker für das Thema sensibilisiert und entsprechend geschult werden. Sie sind meist keine Experten im Bereich der Psychologie und psychischen Gesundheit, weshalb zunächst ein Grundverständnis entwickelt werden muss. Aber auch auf Mitarbeiterebene sollte der Fokus auf die eigene Gesundheit gelenkt werden. Viele bemerken psychische Belastungen erst wenn es bereits zu spät ist, und verdrängen die Wichtigkeit präventiver Maßnahmen. Einen wichtigen Ansatzpunkt stellt dabei ein strukturiertes betriebliches Gesundheitsmanagement dar. Hierbei werden sowohl Mitarbeiter als auch Führungskräfte in Bezug auf Ressourcen und Resilienz geschult, um langfristig eine gesundheitsorientierte Psychohygiene zu pflegen.

Literaturverzeichnis

AOK. (2021, 22. Oktober). Selbstreflexion lernen und negative Gefühle nutzen. AOK - Die Gesundheitskasse. Abgerufen am 31. März 2023, von https://www.aok.de/pk/magazin/wohlbefinden/achtsamkeit/selbstreflexion-lernen-und-negative-gefuehle-nutzen/

AOK-Bundesverband. (2020, 29. September). Fehlzeiten-Report 2020: Erlebte Gerechtigkeit am Arbeitsplatz beeinflusst die Gesundheit der Beschäftigten (29.09.20) | Pressemitteilung | Presse | AOK-Bundesverband. AOK-Bundesverband. Abgerufen am 23. März 2023, von https://www.aok-bv.de/presse/pressemitteilungen/2020/index_23944.html

Axel Springer. (13. September, 2022). Arbeitsunfähigkeitstage aufgrund von Burn-out-Erkrankungen* in Deutschland in den Jahren 2004 bis 2021 (je 1.000 AOK-Mitglieder) [Graph]. In Statista. Zugriff am 18. März 2023, von https://de-statista-com.pxz.iubh.de:8443/statistik/daten/studie/239869/umfrage/arbeitsunfaehigkeitstage-aufgrund-von-burn-out-erkrankungen/?locale=de

Badura, B., Ehresmann, C. (2017). Unternehmenskultur, Mitarbeiterbindung und Gesundheit. In: Badura, B. (eds) Arbeit und Gesundheit im 21. Jahrhundert. Springer Gabler, Berlin, Heidelberg. https://doi-org.pxz.iubh.de:8443/10.1007/978-3-662-53200-3_10

Bechheim, H. J. (2017). Burn-out: Symptome, Ursachen, Therapie. Apotheken Umschau. https://www.apotheken-umschau.de/krankheiten-symptome/psychische-krankheiten/burn-out-symptome-ursachen-therapie-738121.html

Christian Stock. (2015). Burnout : Erkennen und verhindern: Vol. 2. Auflage. Haufe.

Deutsche Rentenversicherung Bund. (2021, 30. November). Psychische Erkrankungen häufigste Ursache für Erwerbsminderung. Deutsche Rentenversicherung Bund. Abgerufen am 28. März 2023, von https://www.deutsche-rentenversicherung.de/Bund/DE/Presse/pressemitteilungen_archive/2021/2021_11_30_psych-erkrankungen_erwerbsminderung.html

Faltermaier, T. (2020, 26. März). Salutogenese. Bundeszentrale Für Gesundheitliche Aufklärung. Abgerufen am 22. März 2023, von https://leitbegriffe.bzga.de/alphabetisches-verzeichnis/salutogenese/

Gabriel, T., Nicham, R. (2012): Burnout: Leitfaden zur Betrieblichen Gesundheitsförderung. 2., überarbeitete Aufl. (Wissen 5), hg. v. GÖG/FGÖ. Gesundheit Österreich GmbH / Geschäftsbereich Fonds Gesundes Österreich. Wien

Günthner, A. & Batra, A. (2012). Stressmanagement als Burn-out-Prophylaxe. Bundesgesundheitsblatt-gesundheitsforschung-gesundheitsschutz, 55(2), 183–189. https://doi.org/10.1007/s00103-011-1406-y

Günthner, L. (2014f). Boreout statt Burnout: Eine psychische Erkrankung ausgelöst durch Langeweile, Unterforderung und Desinteresse am Arbeitsplatz. Diplomica Verlag.

ICD-10-GM-2023: Z73 Probleme mit Bezug auf Schwierigkeiten bei der Lebensbewältigung - icd-code.de. (o. D.). Abgerufen am 19. März 2023 von https://www.icd-code.de/suche/ics/code/Z73.html?sp=Sburn+out.

Pauls, N., Schlett, C., Soucek, R., Ziegler, M. G. & Frank, N. (2016). Resilienz durch Training personaler Ressourcen stärken: Evaluation einer web-basierten Achtsamkeitsintervention. Gruppe. Interaktion. Organisation. Zeitschrift Für Angewandte Organisationspsychologie (gio), 47(2), 105–117. https://doi.org/10.1007/s11612-016-0315-9

Michalak, J., Blaeser, S. & Heidenreich, T. (2012). Achtsamkeitsbasierte Therapie. Psychiatrie und Psychotherapie up2date, 6(04), 245–256. https://doi.org/10.1055/s-0032-1304959

Nielsen, K., Jørgensen, M. B., Milczarek, M. & Munar, L. (2018). Gesunde Arbeitskräfte, florierende Unternehmen – ein praktischer Leitfaden für das Wohlbefinden am Arbeitsplatz. Europäische Agentur Für Sicherheit Und Gesundheitsschutz Am Arbeitsplatz. https://doi.org/10.2802/51309

Pschyrembel. (2023). Pschyrembel online. Abgerufen am 19. März 2023, von https://www.pschyrembel.de/Burnout/K04A7/doc/

Schön Klinik Gruppe. (2023). Burnout - Ursachen, Symptome & Behandlung | Schön Klinik. Schön Klinik SE. Abgerufen am 19. März 2023, von https://www.schoen-klinik.de/burnout

Schulte, EM., Wittner, B. & Kauffeld, S. (2021). Ressourcen und Anforderungen (ReA) in der Arbeitswelt: Entwicklung und erste Validierung eines Fragebogens. Gr Interakt Org 52, 405–415 (2021). https://doi.org/10.1007/s11612-021-00565-x

Siebecke, D. & Kaluza, G. (2014). Stressmanagement (S. 47-84). In: C. Lorei & F. Hallenberer (Hrsg.), Grundwissen Stress. Frankfurt: Verlag für Polizeiwissenschaft.

Soucek, R., Pauls, N., Ziegler, M., & Schlett, C. (2015). Entwicklung eines Fragebogens zur Erfassung resilienten Verhaltens bei der Arbeit. Wirtschaftspsychologie, 17(4), 13–22.

Van Der Klink, J. J. L., Blonk, R. W. B., Schene, A. H. & Van Dijk, F. J. H. (2001). The benefits of interventions for work-related stress. American Journal of Public Health, 91(2), 270–276. https://doi.org/10.2105/ajph.91.2.270

Zweifel, R. (2018b). Wie stärken wir uns? : evidenzbasierte Interventionen zur Förderung der Resilienz von Pflegefachpersonen im Akutspital. https://doi.org/10.21256/zhaw-2333

Abbildungsverzeichnis

Abbildung 1: : Metaanalyse zur Wirksamkeit von Interventionen zur Stressreduktion am Arbeitsplatz

Quelle: Van der Klinik et al. 2001, S. 273

BEI GRIN MACHT SICH IHR
WISSEN BEZAHLT

- Wir veröffentlichen Ihre Hausarbeit,
  Bachelor- und Masterarbeit

- Ihr eigenes eBook und Buch -
  weltweit in allen wichtigen Shops

- Verdienen Sie an jedem Verkauf

Jetzt bei www.GRIN.com hochladen
und kostenlos publizieren